مقالات عن الهولوكوست

رؤية إسلامية

ممدوح الشيخ

الكتاب: مقالات عن الهولوكوست

المؤلف: ممدوح الشيخ

الهولوكوست بين إنكار... واتجار!

أصبح إنكار الهولوكوست ــ من منظور إنساني وأخلاقي أولاً ــ قصة سخيفة لا معنى للاستمرار في اجترارها، وهي لا تقل سخفاً عن عملية تسييس التي يقوم بها الصهاينة مستخدمين الهولوكوست مبررا لاغتصاب فلسطين.

وعندما يقف مثقفون عرب موقف المنكر لمعاناة اليهود تحت الحكم النازي، فإن اختلالاً قيمياً كبيراً يجب البحث عن جذوره.

والتلاعب بملف في حجم الهولوكوست متوقع لكن "**الخطأ لا يبرر الخطأ**"، والوقائع لها الأولوية على وجهات النظر، فلا يجوز لأحد أن يبرر "**ثقافة الإنكار**" التي تحكم موقف كثيرين من هذا الملف المزعج بمبرر سياسي، فالهولوكوست جريمة والجرائم لا يجوز أن يختلف الموقف منها باختلاف الجاني أو الضحية.

وخلال السنوات القليلة الماضية أصبح الموقف من الهولوكوست موضوع سجالات لا تكاد تنتهي، وعلى هامش السجالات بدات تتكون صورة جديدة للهولوكوست من الكشف عن ضحايا

عرب سقطوا في معسكرات النازي إلى دور لمسلمين في المغرب العربي والبلقان في حماية بعض ضحايا الهولوكوست.

وقبل فترة افتتح بالمتحف اليهودي ببولونيا معرض عن المسلمين الألبان الذين أنقذوا حوالي ألفين من اليهود من الاضطهاد النازي.

المعرض أقيم تحت رعاية سفارة إسرائيل بروما، وإتحاد الجاليات اليهودية بإيطاليا، ومجلس مدينة بولونيا، وعرض مجموعة صور التقطها المصور الأميركي نورمان جريشمان تحت رعاية متحف ياد فاشيم بالقدس.

وقد ألقي ممثل الجالية الإسلامية بالإقليم كلمة في حفل الافتتاح قال فيها إن المعرض يتيح التعرف علي التعاليم الدينية والحضارية للألبان

المسلمين الذين أنقذوا "بكل الفخر والكرم اليهود من الاضطهاد النازي"، وهو اعتبر ذلك "مثالاً للأخوة التي سمحت لاثنين من المجتمعات الدينية التي تشترك في إله واحد، وأصل واحد هو النبي إبراهيم عليه السلام، باعتراف كلاً منها بالآخر وتقديره للروح والكرامة وقدسية حياة كل مخلوق".

هذا المسعى لتنمية مشتركات إنسانية عامة لا يختلف الموقف منها بحسب هوية ضحاياها، جدير بالتقدير في ظل تنامي ثقافة كراهية دينية وقومية ومذهبية في الكثير من أنحاء العالم شمالاً وجنوباً.

وفيما يتبادل الفاتيكان وعديد من الرموز الدينية اليهودية هجمات بسبب ما اعتبره اليهود

معاداة للسامية، بسبب اعتزام الفاتيكان تطويب اثنين من رجال الكنيسة الكاثوليكية، كان البرلمان الألماني يوجه الدعوة للرئيس الإسرائيلي شيمون بيريز ليلقي خطابا أمامه بمناسبة يوم الهولوكوست، الذي يوافق ذكرى تحرير معسكر آوشفيتز عام 1945 على أيدي الجنود السوفييت.

وفي العاصمة النرويجية أوسلو افتتح مركز للهولوكوست يقع في فيلا فخمة كان فيدكوم كويسلين الذي حكم النرويج خلال الحرب العالمية الثانية، وتحالف مع هتلر قبل أن يعتقل عام 1945 ويعدم، يتخذها محلاً لإقامته خلال الحرب العالمية الثانية.

والاسم الرسمي الذي أطلق على هذا المركز هو **"مركز دراسة الهولوكوست والأقليات**

الدينية"، ما يعني أن الهدف منه يتعدى مجرد الاهتمام بمصير اليهود، وهو اختراق مهم لأسوار الاحتكار اليهودي للهولوكوست، فالمركز يحاول إيجاد أسس مشتركة لتوضيح أي ظاهرة كظاهرة "**الإبادة الجماعية**"، يجب أن يكون مفتوحا أمام نظريات أخرى غير تلك المهيمنة حالياً في مراكز الهولوكوست.

والقائمة إذ تتسع لتشمل الضحايا الحقيقيين ستضم غجر وسلاف ومعارضين سياسيين للنازي وبولنديين وإيطاليين وعرب، فضلا اليهود.

ومن الحقائق التي يجب التوقف أمامها أن النرويج لم تكن من الدول التي شهدت إبادة واسعة لليهود إذ اقتيد 700 يهودي نرويجي إلى مخيمات الإبادة النازية، فيما استطاع 1100 أن يفروا، وهذا

أحد أهم الأبعاد الغائبة في موقف المثقفين العرب والمسلمين الذين يبذلون مجهوداً كبيراً ــ هو للأسف مجهود ضائع ــ لتفنيد معطيات الهولوكوست، وصولاً إلى أقلية تنكره.

والتحولات في الموقف من الهولوكوست وإنكاره يشهد تحولاً له أهمية خاصة، هو التحول في الموقف في روسيا، فمن ناحية ناشدت منظمة تمثل يهود أوروبا روسيا إحياء الهولوكوست الذي حددت الأمم المتحدة له يوم 27 يناير/ كانون الثاني سنوياً، وقد قدم رئيس المجلس اليهودي الأوروبي مقترحاً للرئيس الروسي ديمتري ميدفيديف بذلك.

وفي تصريح معبر قال رئيس المجلس اليهودي **"مهمٌ أن يعرف الناس أن معاداة الأجانب شيء رهيب"**، وكان فلاديمير بوتين قد

صرح عام 2005 خلال زيارة إلى أوشفيتز ومدينة كراكوف – وكان حينها رئيساً لروسيا – بأنه يشعر بـ **"الخجل"** لتصاعد موجة معاداة السامية في بلاده.

وفي محادثات إسرائيلية روسية، في أغسطس 2009، جاء في البيان الختامي أن **"محاولات نفي الهولوكوست تعتبر إهانة مباشرة لجميع ضحايا الحرب العالمية الثانية"**، ما يعني أن نفي الهولوكوست، لكن الأهم أن الرئيس الروسي وصف محاولات إكساب النازية صفة بطولية بأنها **"إجرامية"**.

ورغم أن توجهاً ملموساً يحدث باتجاه التوافق على إدانة الهولوكوست، فإن أصواتاً لها وزنها لا تزال تثير العواصف.

وقد اتهم أسقف بولندي متقاعد اليهود باستغلال المحرقة اليهودية لأغراض دعائية في تصريحات نشرت على موقع الكنيسة الكاثوليكية على الانترنت، وقال الأسقف تادوش بيرونيك المتحدث السابق باسم مجلس الأساقفة البولنديين: **"إن من غير القبول تخصيص هذه المأساة لأغراض دعائية"**، مضيفاً أن **"المحرقة في شكلها هذا هي اختراع يهودي (...) وتستخدم كسلاح دعائي للحصول على مزايا غالبا ما تكون غير مبررة".**

واتهم القس اليهود بـ **"الغطرسة التي لا تحتمل"** قائلاً إنهم **"يملكون صحافة جيدة لأنهم يحظون بدعم مالي قوي وسلطة هائلة ودعم غير مشروط من أمريكا".** لكن القس قال بعد كل

هذه القنابل: "بالطبع، كل هذا لا يقلل من عار معسكرات الاعتقال".

فمتى يصبح هناك إجماع عربي حقيقي على أن رفض "الاستثمار الصهيوني" للهولوكوست لا يتعارض مع إدانة "عار الهولوكوست"!

نحو رؤية عربية جديدة للهولوكوست

مع كل منعطف في تاريخ الصراع العربي الصهيوني تبرز الحاجة لإعادة النظر في مدى كفاءتنا في إدارة هذا الصراع ومدى قدرتنا على صياغة الخطاب السياسي – والثقافي – الأكثر قدرة على نصرة الحق العربي في مواجهة بنية من الأكاذيب والخرافات، هي موضع إلحاح مستمر

منذ أكثر من قرن من الزمان، منذ انعقد المؤتمر الصهيوني الأول (بازل).

ومن القضايا التي احتلت موقعاً مركزياً في الرؤية الصهيونية، وهي قضية تم استخدامها على نحو واسع للترويج للمشروع الصهيوني غربياً قضية الهولوكوست.

ومؤخراً، نظمت جهات في الكيان الصهيوني رحلات لشباب فلسطيني إلى معسكرات الإبادة النازية في ألمانيا، وهلّل الإعلام الصهيوني لما عبر عنه الفلسطينيون من تقدير لمعاناة اليهود على يد النازي، وهي إحدى أهم الحجج الزائفة التي استخدمت لتبرير المشروع الصهيوني.

وتقتضي مواجهة الاستخدام السياسي للهولوكوست، وما يصاحبه من إرهاب فكري، لإعادة بناء موقف عربي أكثر دقة وتماسكاً من القضية.

نحن والهولوكوست

"**الهولوكوست**" كلمة يونانية تعني حرق القربان بالكامل، والكلمة كانت في الأصل مصطلحاً دينياً يهودياً يشير إلى القربان الذي يُضحَّى به للرب.

والمقصود من استخدامه في وصف ما فعله النازي بالجماعات اليهودية تشبيه "**الشعب**

اليهودي" بالقربان المحروق، أنه حُرِق لأنه أكثر الشعوب قداسة.

وخلال السنوات القليلة الماضية أثيرت قضية "**الهولوكوست**" بصدور عدة مؤلفات في الغرب تناقشه قادت أصحابها إلى المحاكمة.

ومن يتأمل مجمل المطروح – عربياً – في هذا السجال امتد من قضية جارودي إلى قضية إيرفنج يجد أنه اتسم – عموماً – بما يلي:

أولاً:

التركيز المبالغ على إمكانية حدوث المحرقة بالشكل الذي ترويه به المصادر الصهيونية من عدمه.

ثانياً:

نزع الواقعة من سياقها الحضاري الغربي، بوصفها حلقة في سلسلة من عمليات الإبادة لم تنقطع منذ خمسة قرون.

ثالثاً:

الاحتفاء بمنكري الواقعة احتفاء يشير إلى عدم اكتراث بمعيار العدل الأخلاقي المطلق الذي يفرض علينا أن يكون لنا موقف مبدئي لا يتغير بتغير هوية الضحية أو الجاني.

ويثير هذا الموقف قضية يبلغ عمرها الآن نصف قرن، أدت إليها تشابكات الوضع السياسي المعقد عشية العالمية الثانية، إذا كان الوطن العربي يئن تحت وطأة استعمار كان ــ باستثناء ليبيا ــ بريطانياً أو فرنسياً.

وبظهور النازي ونشوب الحرب بينه وبين الحلفاء، توجهت قطاعات من النخبة السياسية العربية إلى التعاطف معه بشكل آلي افتقر إلى تحليل دقيق لمرامي النازية وجذورها. وعندما بدأت عمليات إبادة اليهود على يد نظامه، وقف البعض موقفا تراوح بين التجاهل والتحبيذ الصامت، بل اتصلت بعض قيادات الحركة الوطنية الفلسطينية به أملاً في أن يناصر الحق العربي.

بين إنكار الإبادة واحتكارها

أول مشكلات الموقف العربي من الإبادة النازية تصوُّر أن إنكارها السبيل الوحيد لنقض ما يدعيه الصهاينة من حقوق مزعومة في أرض فلسطين تترتب عليها، وهو حُسن نية يؤدي إلى ارتكاب خطيئة التواطؤ على دماء ضحاياها، فلا

الإقرار بها يعني الإقرار بما يرتبه الصهاينة عليها ولا قبول الصورة المزورة التي يرسمونها لها.

فالصهاينة يَدَّعون أن الهولوكوست كان جريمة النازي ضد اليهود وحدهم، وهناك منهم من يوسع الدائرة ليدعي أنها جريمة **"الأغيار"** جميعاً ضد اليهود. بينما هي في حقيقة الأمر في معناها العام جريمة العنصرية الغربية ضد الإنسانية، وهي، بدلالاتها المباشرة، جريمة النازية ضد كل من لا يجري في عروقه **"الدم الألماني النقي"** وبين ضحاياها غجر وسلاف وبولنديين بل عرب أيضا كما اكتشف مؤخراً!!

ومواجهة خدعة احتكار الإبادة يمكن أن يستند إلى رصيد في الواقع الغربي، وقد شهد العام 1996 معركة مثيرة لها دلالات مهمة في هذا

السياق، إذ طالب الصهاينة بإزالة دير كاثوليكي في معسكر "أوشفيتس" – الذي يعد أشهر معتقلات الإبادة النازية، في مسعى يهدف لاحتكار دور الضحية في الهولوكوست النازي – هو دير الراهبات الكرمليات ومارس الصهاينة ضغوطاً كبيرة واجهتها المؤسسة الكاثوليكية في بولندا بشجاعة ونشبت إثر ذلك معركة إعلامية حامية.

باتريك بوكانان (الصحفي المرشح الجمهوري في انتخابات الرئاسة عام 1996) مقالاً يكفي عنوانه للدلالة على محتواه، وهو: **"الكاثوليك ليسوا في حاجة إلى محاضرات في الأخلاق من سفاح عصابة شتيرن السابق"**، وقد جاء فيه: **"في متحف الإبادة النازية هناك ثلاثة ملايين يهودي بولندي سيظلون في**

الذاكرة، ولكن ماذا عن ثلاثة ملايين مواطن تقريباً من الأوكرانيين والصرب والليتوانيين والمجريين واللاتفيين والإستونيين نحروا في ساحات القتل على أيدي الوثنيين العنصريين في برلين؟ .. .. .. وما الذي يتطلبه الأمر حتى يكون المرء ضحية من الدرجة الأولى؟ .. .. .. ولماذا لا يتم تخليد ذكرى المليون كاثوليكي الذين أبيدوا في أوشفتس بصليب؟ وإذا كان التذكار حيويا فلماذا يستثنى المسيحيون؟".

وبطبيعة الحال يؤدي نقض احتكار الصهاينة لدور الضحية إلى نزع المصداقية عن كل الأكاذيب التي بنيت على الكذبة الأم وفي مقدمتها الحق المزعوم للصهاينة في فلسطين، وإلا فإن خارطة العالم العربي من المحيط إلى الخليج

لن تكفي لتعويض كل الشعوب والأقليات التي أباد النازي منها إذا منحنا كلا منها "**وطناً قومياً**" على سبيل التعويض!

الدراسات الحديثة لقضية الإبادة التي قام بها النازي ضد اليهود تفرض علينا أن نرى الأمر من منظور مغاير، فجريمة الإبادة حدثت بالفعل وإنكارها هو الوجه الأخر.

التماثل بين الصهيونية والنازية

إذا تعمقنا قليلا في بنية الفكرتين:

الصهيونية

والنازية

وجدنا درجة من التماثل والتشابه بينهما تقطع بأنهما نبتتا من جذر واحد، وأن الصهيونية ليست سوى نازية ذات ديباجات يهودية بينما

النازية صهيونية ذات ديباجات علمانية، وكلاهما ليستا بأية حال انحرافاً عن الحضارة الغربية الحديثة بل يمثلان تيارين أساسيين فيها.

ولعل أكبر دليل على أن الصهيونية جزء أصيل من الحضارة الغربية أن الغرب يحاول تعويض اليهود عما لحق بهم على يد النازيين بإنشاء الدولة الصهيونية على جثث الفلسطينيين، وكأن جريمة أوشفيتس يمكن أن تُمحَى بارتكاب جريمة دير ياسين أو مذبحة بيروت أو مذبحة قانا.

وقد أنجزت الصهيونية ما أنجزت من اغتصاب للأرض وطرد وإبادة للفلسطينيين من خلال التشكيل الإمبريالي الغربي، واستخدمت كل أدواته من غزو وقمع وترحيل وتهجير.

والغرب، الذي أفرز هتلر وغزواته، هو نفسه الذي نظر بإعجاب إلى الغزو الصهيوني لجنوب لبنان وبيروت وأنحاء أخرى من العالم العربي، وهو نفسه الذي ينظر بحياد وموضوعية داروينية للجريمة التي ارتكبت والتي تُرتكب يومياً ضد الشعب الفلسطيني.

ولابد أن نقرر أن الصهيونية لم تقم بعملية إبادة شاملة (بمعنى التصفية الجسدية) للفلسطينيين، إلا أن هذا يرجع إلى اعتبارات عملية عديدة لا علاقة لها بالبنية الإبادية للأيديولوجية الصهيونية، من بينها تأخر التجربة الصهيونية إلى أواخر القرن التاسع عشر، وعدم إعلان الدولة الصهيونية إلا في منتصف القرن العشرين، وهو ما جعل الإبادة ـ على النحو الذي حدث في الأمريكتين واستراليا ـ

مسألة عسيرة بسبب وجود المنظمات الدولية والإعلام.

إلى جانب تماسك سكان فلسطين وانتمائهم إلى تشكيل حضاري مركب ومقدرتهم على التنظيم والمقاومة والانتفاضة أن أصبحت الإبادة حلاً مستحيلاً. ومع هذا لابد من الإشارة إلى عمليات الإبادة الجسدية التي تمت في صفد ودير ياسين وكفر قاسم، وغيرها من مدن وقرى في فلسطين، حيث لم تكن الممارسة الصهيونية تهدف إلى تهجير الفلسطينيين ، بقدر ما كانت تهدف إلى قتلهم وإبادتهم.

وبالمثل كانت عملية صابرا وشاتيلا (ذات طابع إبادي واضح). كما أن الإبادة بمعنى التهجير

والتسخير والقمع والاستغلال هي حدث يومي
داخل الإطار الصهيوني.

الأسس المشتركة

إن الحضارة الغربية الحديثة هي التي أفرزت الإمبريالية والنفعية الداروينية والنازية والصهيونية، ولذا فليس من المستغرب أن نجد مجموعة من الأفكار المشتركة بين الرؤيتين النازية والصهيونية التي تُشكِّل الإطار الحاكم لكل منهما وأهمها:

القومية العضوية.

وتأكيد روابط الدم والتراب.

وهو ما يؤدي إلى استبعاد الآخر، والنظريات العرْقية، وتقديس الدولة والنزعة الداروينية النيتشوية.

كما يظهر التماثل البنيوي بين النازية والصهيونية في خطابهما، فكلاهما يستخدم مصطلحات القومية العضوية مثل **"الشعب العضوي"،** و**"الرابطة الأزلية بين الشعب وتراثه وأرضه"،** و**"الشعب المختار".**

وقد سُئل هتلر عن سبب معاداته لليهود، فكانت إجابته قصيرة بقدر ما كانت قاسية: **"لا يمكن أن يكون هناك شعبان مختاران ونحن**

وحدنا شعب الإله المختار. هل هذه إجابة شافية على السؤال؟".

ويتحدث الفيلسوف اليهودي مارتن بوبر عن أن الرابطة بين اليهود وأرضهم هي رابطة الدم والتربة، ومن ثم يطالب بضرورة العودة إلى فلسطين حيث توجد التربة التي يمكن للدم اليهودي أن يتفاعل معها ويبدع من خلالها، كما استخدم الصهاينة مفهوم "**الدم اليهودي**" لتعريف الهوية اليهودية.

وأثناء محاكمات نورمبرج الشهيرة، كان الزعماء النازيون يؤكدون، الواحد تلو الآخر، أن الموقف النازي من اليهود تمت صياغته من خلال الأدبيات الصهيونية، وقد أشار ألفريد روزنبرج أهم المنظرين النازيين إلى أن بوبر على وجه

الخصوص هو الذي أعلن أن اليهود "**يجب أن يعودوا إلى أرض آسيا، فهناك فقط يمكنهم العثور على جذور الدم اليهودي**".

وهي إشارة إلى قول بوبر عن اليهود: "**لأنهم إذا كانوا قد طُردوا من فلسطين، ففلسطين لم تُطرد منهم**". ومن الموضوعات الأساسية المشتركة أيضا فكرة النقاء العرْقي.

وكان سترايخر (المُنظر النازي) يؤكد أثناء محاكمته، أنه تعلم هذه الفكرة من النبي عزرا: "**لقد أكدت دائماً حقيقة أن اليهود يجب أن يكونوا النموذج الذي يجب أن تحتذيه كل الأجناس، فلقد خلقوا قانوناً عنصرياً لأنفسهم، قانون موسى الذي يقول: "إذا دخلت بلداً أجنبياً فلن تتزوج من نساء أجنبيات**". وكانت الأدبيات

الصهيونية الخاصة بنقاء اليهود العرْقي ثرية إلى أقصى حد في أوربا حتى نهاية الثلاثينيات.

ويستخدم النازيون والصهاينة على حد سواء الخطاب النيتشوي الدارويني نفسه المبني على تمجيد القوة وإسقاط القيمة الأخلاقية. إذ يستخدم الصهاينة ـ شأنهم في هذا شأن النازيين ـ مصطلحاً محايداً، فهم لا يتحدثون عن طرد الفلسطينيين وإنما عن **"تهجيرهم"** أو **"دمجهم في المجتمعات العربية".**

وهم لا يتحدثون مطلقاً عن **"تفتيت العالم العربي"** وإنما عن **"المنطقة"** ولا يتحدثون عن **"الاستيلاء"** على القدس وإنما عن **"توحيدها"** ولا عن الاستيلاء على فلسطين أو **"احتلالها"** وإنما

عن "**استقلال**" إسرائيل أو عن "**عودة الشعب اليهودي**" إلى أرض أجداده.

دياسبورا ألمانية

يتضح التطابق بين النازيين والصهاينة بكل
جلاء في واحد من أهم التصورات النازية. فقد كان
النازيون – شأنهم شأن أية عقيدة تدور في إطار
القومية العضوية – يؤمنون بوجود دياسبورا
ألمانية تربطها روابط عضوية بالأرض الألمانية.

وأعضاء هذا الشتات الألماني مثل أعضاء الشتات اليهودي، يدينون بالولاء للوطن الأم ويجب أن يعملوا من أجله. وربما لأن العودة للوطن الأم أمر عسير ــ كما هو الحال مع الصهاينة ــ اقترح النازيون ما يشبه نازية الشتات (مثل صهيونية الشتات) عن طريق تشجيع الألمان في الخارج على دراسة الحضارة واللغة الألمانيتين.

وكان للنازيين ما يشبه المنظمة النازية العالمية التي كانت لها صلاحيات تشبه صلاحيات المنظمة الصهيونية العالمية، وكانت لها مكانة في ألمانيا تشبه من بعض الوجوه مكانة المنظمة الصهيونية في إسرائيل.

وقد تعاون الألمان، في كل أنحاء العالم مع السفراء والقناصل الألمان، تماماً كما يتعاون اليهود والصهاينة مع سفراء وقناصل إسرائيل في بلادهم.

ولنا أن نلاحظ الأصول الألمانية الراسخة للزعماء الصهاينة الذين صاغوا الأطروحات الصهيونية الأساسية. فكل من:

تيودور هرتزل

ماكس نوردو

ألفريد نوسيج

أوتو ووربورج

كانوا إما من ألمانيا أو النمسا يكتبون بالألمانية ويتحدثون بها، كما كانوا ملمين بالتقاليد الحضارية الألمانية ويكنون لها الإعجاب، ولا يكنون احتراماً كبيراً للحضارات السلافية ـ غيَّر

هرتزل اسمه من **"بنيامين"** إلى **"تيودور"** حتى يؤلمن اسمه، وسمَّى ماكس نوردو نفسه بهذا الاسم لإعجابه الشديد بالنورديين.

ومن جهة أخرى، كانت الألمانية لغة المؤتمرات الصهيونية الأولى، وتوجه الزعماء الصهاينة أول ما توجهوا إلى قيصر ألمانيا لكي يتبنى المشروع الصهيوني.

وقد أكد جولدمان أن هرتزل قد وصل إلى فكرته القومية **"العضوية"** من خلال معرفته بالفكر الألماني.

وكان كثير من المستوطنين الصهاينة يكنون الإعجاب للنازية، وأظهروا تفهماً عميقاً لها ولمُثُلها ولنجاحها في إنقاذ ألمانيا، بل اعتبروها حركة تحرُّر وطني وسجل حاييم كابلان وهو صهيوني

كان موجوداً في جيتو وارسو حينما كان تحت حكم النازي – أنـه لا يوجد أي تناقض بين رؤية الصهاينة والنازيين للعالم فيما يخص المسألة اليهودية، فكلتاهما تهدف إلى الهجرة، وكلتاهما ترى أن اليهود لا مكان لهم في الحضارات الأجنبية.

وقد ظهرت في ألمانيا، في الثلاثينيات، جماعة من المفكرين الدينيين اللوثريين الذين أدركوا العناصر الفكرية المشتركة بين النازية الصهيونية وأبعادها العدمية، ومنهم هاينريش فريك الذي حذر اليهود من فكرة الشعب العضوي التي يدافع عنها النازيون والصهاينة، كما عَرَّف كلاً من النازية والصهيونية بأنهما حركتان حولتا النزعة الأرضية (الارتباط بالأرض) والدنيوية (الارتباط بالدنيا)، وهما من الأمور المادية، إلى كيانات

ميتافيزيقية، أي إلى دين، وأن النازية والصهيونية تتبنيان الرأي القائل بأن ألمانيا لا يمكنها أن تقبل اليهود أو تظهر التسامح تجاههم.

وهذا التماثل الفكري كان مقدمة لعلاقات صهيونية نازية بعضها أدى الكشف عنه لعواصف داخل الكيان الصهيوني، حيث كشف النقاب عن أن بعض القيادات الصهيونية في الجيتوات اليهودية تعاونت بشكل مباشر مع النازي في عملية إبادة اليهود، وقاموا بخداع الضحايا ليساقوا للمسلخ دون مقاومة، وأن قيادات المنظمة الصهيونية العالمية فضلت الحصول على دعم للمشروع الصهيوني في فلسطين على إنقاذ اليهود من الهولوكوست، بل عقدت اتفاقا مع النازي في هذا السياق.

التعاون النازي الصهيوني

تتعدى العلاقة بين النازية والصهيونية مجرد التماثل البنيوي والتأثير والتأثر الفكريين، إذ أن ثمة علاقة فعلية على مستويات عدة. ولنبدأ بأدناها، وهي كيفية استغلال النازيين للدعاية الصهيونية في الترويج لرؤيتهم.

فقد نشر الصهاينة في ألمانيا ذاتها المزاعم الصهيونية الخاصة بالتميز اليهودي العرْقي والانفصال القومي العضوي عن كل أوربا، وذلك حتى قبل ظهور النازيين كقوة سياسية.

ففي عام 1912، قدَّم عضوان في المنظمة الصهيونية مشروعاً بإيعاز من كورت بلومنفلد جاء فيه أنه، نظراً للأهمية القصوى للعمل ذي التوجه الفلسطيني (أي الصهيوني)، يعلن أن من الواجب على كل صهيوني، خصوصاً من يتمتع باستقلال اقتصادي، أن يجعل الهجرة جزءاً عضوياً من برنامج حياته .

وقد سُمِّي هذا القرار **"قرار بوزن"**، وأصبح منذ ذلك الحين الإطار العقائدي للصهيونية الألمانية التي تخلت بفضله عن أية أبعاد غير قومية

ذات طابع خيري أو توطيني، وأصبحت أيديولوجيا قومية عضوية ذات طابع استيطاني. وكان بلومنفلد خبيراً بالمناورات السياسية، ولذلك نجح في تمرير قراره من خلال ما سماه بعض معارضيه **"الأغلبية الطارئة"**، أي عن طريق تقديم مشروع القرار أثناء وجود المؤيدين وغياب المعارضين والحصول على موافقة الحاضرين.

وقد اتهمه المعارضون بالمزايدة، وفسَّروا تطرفه على أساس أنه يقبض راتبه من المنظمة الصهيونية وليس من الحكومة الألمانية أو أية هيئة أو مؤسسة ألمانية، وأن هذا يسمح له بأن يتخذ مثل هذه المواقف، وأن يمرر مثل هذه القرارات التي لا تعكس وضع يهود (أو حتى صهاينة) ألمانيا أو تطلعاتهم.

<u>تشابك المصالح النازى الصهيونى</u>

قد قام الصهاينة الألمان بعد ذلك بتطوير الأيديولوجيا الصهيونية والوصول بأطروحاتها إلى نتائجها المنطقية، أي تصفية الجماعات اليهودية في المنفى (أي العالم) تماماً وإنشاء الدولة الصهيونية.

وابتداءً من عشرينيات القرن العشرين، بدأ الزعماء الصهاينة في ألمانيا يطلقون التصريحات الصهيونية التي تؤكد الهوية اليهودية العضوية الخالصة وتنكر على اليهود انتماءهم إلى الأمة الألمانية.

ففي عام 1920 (قبل ظهور كتاب هتلر كفاحي بثلاثة عشر عاماً)، ألقى جولدمان خطاباً في جامعة هايدلبرج بيَّن فيه أن اليهود شاركوا بشكل ملحوظ للغاية في الحركات التخريبية، وفي إسقاط الحكومة في نوفمبر 1918، وأصر على أن يهود ألمانيا والشعب الألماني ليست بينهما عناصر مشتركة، وعلى أن الألمان يحق لهم أن يمنعوا اليهود من الاشتراك في شئون الفولك الألماني.

أما وايزمان، فَشَّبه علاقة الألمان باليهود بصورة مجازية استقاها من عملية الهضم، فقال:

"إن أي بلد يود أن يتحاشى الاضطرابات المعوية عليه أن يستوعب عدداً محدوداً فقط من اليهود".

وكان يرى أن عدد اليهود في ألمانيا أكبر من اللازم، أو بعبارة أخرى يوجد **"فائض بشري يهودي".**

وفي الفترة نفسها، وصف كلاتزكين اليهود بأنهم **"جسم مغروس وسط الأمم التي يعيشون بين ظهرانيها، ولذا فإن من حقهم أن يحاربوا اليهود من أجل تماسُكهم القومي".**

وكلها موضوعات قديمة مطروحة في كتابات هرتزل ونوردو، الأبوين الروحيين للصهيونية على وجه العموم والصهيونية الألمانية على وجه الخصوص، لكنها اكتسبت أهمية خاصة من سياقها الزماني والمكاني في ضوء ما حدث بعد ذلك.

يهود ممتنون للنازي

في ضوء هذا التوجه الصهيوني، لم يكن من الغريب أن يرى هتلر حين وصل إلى الحكم أن كثيراً من الصهاينة على استعداد لتَفهُّم وجهة نظره. فقد صرح الحاخام الصهيوني يواكيم برنز في يناير 1933 أنه لا مكان يمكن لليهود أن يختبئوا فيه. وقال:

"بدلاً من الاندماج، نرى نحن الصهاينة أنه يجب الاعتراف بالأمة اليهودية وبالعرْق اليهودي".

وحينما قام النازيون في 31 يناير 1933 بحرق الكتب التي كانوا يرونها هدامة، كتبت مجلة **يوديش روندشاو** الناطقة باسم الاتحاد الصهيوني تقول إن كثيراً من المؤلفين اليهود خونة تنكروا لجذورهم لأنهم شتتوا جهودهم بإسهامهم في الثقافة الألمانية غير اليهودية.

وفي نبرة ترحيب واضحة، صرح إميل لودفيج (الكاتب اليهودي الألماني) بأن **"ظهور النازيين دفع الآلاف من اليهود إلى حظيرة اليهودية مرة أخرى بعد أن كانوا قد ابتعدوا عنها ....ولذا، فأنا شخصياً ممتن لهم".**

وترد الفكرة النازية الصهيونية نفسها على لسان الشاعر الصهيوني حاييم بياليك إذ يرى أن الهتلرية أنقذت يهود ألمانيا، ويضيف:

"أنا أيضاً مثل هتلر أؤمن بفكرة الدم".

وبكثير من القلق، لاحظ أعضاء **الاتحاد المركزي للمواطنين الألمان** من أتباع العقيدة اليهودية (وهي جماعة اندماجية تعتبر يهود ألمانيا مواطنين ألمانيين) أنشطة الصهاينة وتصريحاتهم واعتبروها طعنة من الخلف في الحرب ضد الفاشية.

ولكن كل هذه المقالات والتصريحات لم تكن سوى افتتاحيات تمهيدية للإعلان الصهيوني الألماني الرسمي الذي أصدرته المنظمة الصهيونية في ألمانيا، في 21 يونيه 1933، بعد وصول

النازيين إلى السلطة (إعلان الاتحاد الصهيوني بشأن وضع اليهود في دولة ألمانيا الجديدة) الذي حدَّد طبيعة علاقة الصهاينة بالنظام النازي بشكل واضح لا إبهام فيه. وقد اتخذ الإعلان شكل مذكرة أُرسلت مباشرةً إلى الحزب النازي وهتلر، وتم من خلالها تحديد المقولات المشتركة بين النازيين والصهاينة.

وبدأت المذكرة/ الإعلان بتأكيد إمكانية التوصل إلى حل يتفق مع المبادئ الأساسية للدولة الألمانية الجديدة، دولة البعث القومي، ثم طرحت أمام اليهود طريقة جديدة لتنظيم وجودهم.

وانتقلت المذكرة بعد ذلك لعرض إطارها السوسيولوجي، فقامت بانتقاد الشخصية اليهودية التي تتسم بالكسل، وبيَّنت أن صعوبة وضع

اليهود تنبع من شذوذ النمط الوظيفي الذي يتبعونه، ومن الخلل الكامن في كونهم جماعة تتخذ مواقف فكرية أخلاقية غير متجذرة في تقاليدهم الحضارية الخاصة (أي أنهم قومية عضوية توجد خارج أرضها).

وبعد أن تبنت المذكرة هذا النقد النازي لليهود انتقلت لإيضاح نقط الالتقاء الفلسفية والنظرية بين الصهيونية والنازية، فأكدت أن الصهيونية مثل النازية تمزج الدين بالقومية، فالأصل والدين ووحدة المصير والوعي الجمعي يجب أن تكون كلها ذات دلالة حاسمة في صياغة حياة اليهود.

وتؤكد المذكرة أن المنظمة تقبل مبدأ العرْق، أحد ثوابت الرؤية النازية، كأساس لتصنيف الأفراد

والجماعات المختلفة، ولإنشاء علاقة واضحة مع الشعب الألماني وحقائقه القومية والعِرْقية.

كما تقوم المذكرة بتعريف اليهود تعريفاً عرْقياً، مبينة أن هدف الصهيونية التصدي للزيجات المختلطة والحفاظ على نقاء الجماعة اليهودية. هذا هو الإطار الفلسفي الذي اقترحته المنظمة الصهيونية لتحديد العلاقة بين الصهاينة والنظام النازي، مؤكدةً إمكان تحويله إلى ممارسة وإجراءات.

وقد طرحت المنظمة الصهيونية نفسها باعتبارها الحركة الوحيدة القادرة على أن تأتي بحل للمسألة اليهودية يحوز رضا الدولة النازية الجديدة ويتفق مع خُططها، حل يهدف إلى بعث اليهود من الناحية الاجتماعية والثقافية والأخلاقية

في إطار فكرة الشعب العضوي ويتبع النموذج النازي.

وكما تقول المذكرة الإعلامية:

"على تربة الدولة الجديدة، ألمانيا النازية، نريد أن نعيد صياغة بنية جماعتنا بأكملها بطريقة تفيد ألمانيا واليهود في المجال المخصص لهم، فهدف الصهيونية تنظيم هجرة اليهود إلى فلسطين".

وسيؤدي الإطار النظري الفلسفي المطروح إلى ظهور حقائق اجتماعية جديدة تأخذ شكل نموذج جديد:

اليهودي المتجذر في تقاليده الروحية الواعي بنفسه

الذي لا يحس بالحرج تجاه هويته

وهو نموذج مختلف تماماً عن ذلك اليهودي الذي لا جذور له والذي يهاجم الأسس القومية للجوهر الألماني، وهو مختلف أيضاً عن اليهود المندمجين الذين يحسون بالضيق لانتمائهم للجماعة اليهودية ولـ **"العِرْق اليهودي"** وللماضي اليهودي.

ثم تمضي المذكرة قائلة إن الصهيونية تأمل أن تحظى بالتعاون مع حكومة معادية لليهود بشكلٍ أساسي، إذ لا مجال للعواطف عند تناول المسألة اليهودية، فهي مسألة تهم كل الشعوب (وخصوصاً الشعب الألماني) في الوقت الراهن.

وفي نهاية المذكرة/ الإعلان، شجب الصهاينة جهود القوى المعادية للنازية وهتلر، التي

كانت قد طالبت في ربيع عام 1933 بمقاطعة ألمانيا النازية اقتصادياً.

ومما هو جدير بالذكر أن هذه الوثيقة لم تُكتَشف إلا عام 1962، ولم تُعط الذيوع الذي تستحقه، رغم أنها تلقي الكثير من الضوء على علاقة النازيين بالصهاينة. وربما لو عرف مؤرخو الإبادة النازية في الشرق والغرب بها لنظروا إلى الإبادة النازية لليهود نظرة مختلفة بعض الشيء.

إعادة بناء صورة الهولوكوست

أهم ملامح الصورة الجديدة للهولوكوست قضية تورط بعض أعضاء الجماعات اليهودية الصهاينة وغير الصهاينة في علاقة تعاون وثيقة مع النازي، ومن نماذج هذه العلاقات دور المجالس اليهودية التي كان النازيون يقيمونها بين أعضاء الجماعات اليهودية التي تقع تحت سلطتهم،

وكان سلوك أعضاء هذه المجالس يتراوح بين التعاون مع النازيين في المجالات الاقتصادية، والخضوع التام لكل مطالبهم – وضمنها الإبادة – مقابل حماية مصالح القيادات اليهودية.

ويرى كثير من المؤرخين اليهود وغير اليهود أن هذه المجالس مسؤولة إلى حد كبير عن إذعان الجماهير اليهودية وإحجامهم عن مقاومة مخطط الهولوكوست.

وبإمكان المرء تخيل أن ملايين الضحايا قد رفضوا، في ظروف الحرب، ركوب القطارات التي كانت تجمعهم لنقلهم لمعسكرات السخرة والإبادة، فلعل هذه المقاومة كانت قادرة على إبطاء تنفيذ المخطط وربما إفشاله.

ويقدر المؤرخ اليهودي إزياه ترنك أن أعضاء الجماعات اليهودية لو رفضوا تنفيذ تعليمات المجالس اليهودية لنجا نصفهم على الأقل.

مخطوطات العذاب

بدلا من الاحتفاء غير المقبول أخلاقياً – فضلاً عن مردوداته السياسية السلبية – بمنكري الإبادة، يمكن إحراز نتائج أفضل على المستويين المعرفي والسياسي بالتركيز على الصهاينة الذين تورطوا في جريمة الإبادة النازية.

ومن النماذج الصادمة لهذا النوع من القيادات الصهيونية ألفريد نوسيج أحد مؤسسي الحركة الصهيونية مع هرتزل وهو واضع أسس علم الإحصاء الخاص بين الجماعات اليهودية.

كان نوسيج خلال الحرب العالمية الثانية مخبراً للسلطات الألمانية، ونظراً لمعرفته الوثيقة بأعداد اليهود وتَوزُّعهم الجغرافي – بحكم تخصصه العلمي – وضع نوسيج خطة متكاملة لإبادة اليهود الألمان المسنين والفقراء وتهجير الباقين أو إبادتهم!

وقد اكتشف أعضاء الجماعة اليهودية في جيتو وارسو تعاونه مع النازي وأنه عضو في الجستابو فأعدم رمياً بالرصاص بعد محاكمته،

واختفى اسمه تماماً من الأدبيات الصهيونية، رغم دوره التأسيسي في الحركة الصهيونية.

ورغم أن واحداً من أهم الرموز الصهيونية هو حاييم كابلان قد ترك شهادة خطيرة عن الهولوكوست، إلا أنها ترجمت إلى لغات عدة ليس من بينها العربية، وشهادته التي هي يومياته **"مخطوطات العذاب"** تحكي يوماً بيوم ما رآه بنفسه في جيتو وارسو.

وقد أدان كابلان فيها القيادات اليهودية في الجيتو، وفضح دورها في تسليم اليهود للنازي لتتم إبادتهم.

أما رودلف كاستنر فتعد سيرته دليل الإدانة الأخطر للحركة الصهيونية كلها وللدولة، فقد كان كاستنر نائب رئيس المنظمة الصهيونية في المجر

ثم أصبح مسئولاً عن "**إنقاذ**" المهاجرين اليهود من بولندا وتشيكوسلوفاكيا!

إذ كان رئيس لجنة الإغاثة في بودابست التابعة للوكالة اليهودية.

اتصل كاستنر بالمخابرات المجرية والنازية حتى قبل الاحتلال النازي للمجر، وعندما جاء النازيون للمجر تمكنوا من نقل 800 ألف يهودي لمعسكرات السخرة والإبادة باستخدام 150 موظفاً وحسب، وهو ما لم يكن ممكناً لولا دور كاستنر.

كان دور رودلف كاستنر أن يقنع الضحايا بأنهم ينقلون بهدف إعادة تسكينهم وتأهيلهم مهنياً، أما المقابل فكان السماح عام 1941 بترحيل 318 يهوديا ثم 1386 آخرين إلى فلسطين المحتلة!

وقد انتقل كاستنر بعد الحرب إلى فلسطين المحتلة وانضم لحزب الماباي ورشح للكنيست الأول، وفي عام 1952 أرسل المواطن الإسرائيلي مايكل جرينوولد كتيباً لبعض القيادات الصهيونية اتهم فيه كاستنر بالتعاون مع النازيين وبأنه دافع عن أحد ضباط الحرس الخامس النازي إس إس أثناء محاكمات نورمبرج ما أدى إلى تبرئته وإطلاق سراحه.

وبذل الحزب الحاكم في إسرائيل جهوداً مضنية لإنقاذ كاستنر، أما هو فقال أثناء محاكمته إنه لم يتصرف على نحو فردي بل تصرف بتفويض من الوكالة اليهودية (التي أصبحت فيما بعد الدولة)!!

وقد طُلبت شهادة مواطن إسرائيلي يدعى جويل براند كان على علم بالمقايضة الشيطانية التي تمت بين الصهاينة والنازي، وآثر ألا يشهد ثم أصدر كتابه "**الشيطان والروح**" قال فيه:

"**إن لدي حقائق تبعث على الرعب وتدمغ رؤوس الدولة اليهودية**".

وأضاف:

"**لو نشرت مثل هذه الحقائق لسالت الدماء في تل أبيب**".

وقد قضت المحكمة بأن معظم ما جاء في كتيب جرينوولد يتطابق مع الواقع، وبعد إشكالات قضائية كثيرة انطلقت رصاصات مجهول لتسكت رودلف كاستنر للأبد! .

خرافة ثورة الجيتوات

لا تقتصر الصورة المزيفة للهولوكوست على دور القيادات اليهودية الصهيونية، وغير الصهيونية، فيه بل يشمل كذلك حقيقة موقف جمهور الجماعات اليهودية منه، ودورها في مقاومته، وهو ما بدأ يخضع لإعادة التقييم داخل إسرائيل نفسها.

وقد نشرت **هآرتس** الإسرائيلية معلومات شديدة الإثارة عن قضية إعادة تقييم ما يسمى "**ثورة الجيتوات**" (يئير شيلغ، هآرتس، 29/ 4/ 2003)، فقبل أربع سنوات، دعيت الدكتورة سارة بندر المحاضر في قسم تاريخ إسرائيل في جامعة حيفا والمختصة بتاريخ اليهود في بولندا إبان المحرقة النازية (الهولوكوست)، لإلقاء محاضرة في جامعة بار ايلان حول "**تمرد الجيتوات**"، وقد سئلت عن هذه الخرافة فقالت:

"**لم يكن ثمة تمرد في الجيتوات باستثناء جيتو وارسو**".

وفي أطروحة الدكتوراة التي كتبتها، في بداية الثمانينات، عن غيتو بياليستوك، لاحظت للمرة الأولى، أنه خلافًا للخرافة، لم يكن هناك

تمرد. ومنذ ذلك اليوم قدمت سارة محاضرتها تلك مرات عديدة، منها مرات أمام قطاعات حساسة، كما هو الحال في اليوم الدراسي الذي عقد بمناسبة صدور كتاب عن سيرة حياة الشاعر آبا كوفنر الناجي من الهولوكوست.

وأطروحة بندر ليست جديدة، وهي أول من يقر بهذا، فمنذ الخمسينات كان هناك الشاعر نتان ألترمان الذي جزم بأن الأحاديث عن ظاهرة "ثوار الجيتوات" ليست سوى شعار، فباستثناء جيتو وارسو لم تكن هنالك أية ثورة أو تمرد في أي مكان آخر.

لكن سنين عديدة مرت فترسخت الأسطورة وتعززت حتى بدا هذا الكلام وكأنه تجديد عاصف. وتحرص سارة بندر على التذكير بجملة من

الحقائق، فقد كانت هناك بضعة جيتوات صغيرة جدًا وقعت فيها حوادث رفع اليهود خلالها السلاح.

لكن حين يجري الحديث عن "**ثورة الجيتوات**" فان المقصود بها الجيتوات الثلاثة الأكبر:

فيلنا

بياليستوك

وارسو

في تلك الجيتوات الثلاثة كان هناك حركات سرية سعت إلى تنظيم تمردات، لكن فقط تلك التي كانت في معسكر وارسو، نجحت في تحقيق ذلك.

ومؤخراً صدر أيضا كتاب المذكرات الذي
وضعه نيسان رزنيك آخر من تبقى على قيد الحياة
من قادة التمرد هناك.

التمرد الأول

في فيلنا تأسس التمرد الأول في البداية، من خلال منشور داعية التمرد كوبنر في 1 يناير 1942، وكان قد أدرك أن عمليات الاغتيال المنهجية في غيتو فيلنا لم تكن شأنا محلياً فحسب، وأن تلك العمليات تشكل نموذجًا للقضاء على يهود أوروبا عامة.

لذا كان أول من دعا إلى التمرد في منشور جاء فيه:

"حذار من الذهاب كالقطيع إلى المسلخ ..
.. ..أن نسقط كمحاربين أحرار أفضل من أن
نعيش تحت رحمة القتلة".

وفي اللحظة التي قرر فيها الألمان تصفية المعسكر (1 سبتمبر 1943) اتخذت التنظيمات السرية قرارًا عكسيًا: لا فائدة من إعلان تمرد عديم الأمل في داخل المعسكر، وقرروا الفرار إلى الغابة للانضمام للمحاربين الوطنيين والقتال معهم، وكان ذلك قرارًا صعبًا، بل فظيعاً على المستوى الإنساني، لأنه كان يعني التخلي عن أبناء العائلة المسنين غير القادرين على الهرب إلى الغابة.

في بياليستوك كان الوضع أكثر تعقيداً، وعندما أقيم التنظيم السري الأول هناك كان الرأي السائد أنه يجب إعلان التمرد فقط عند نشوء خطر حقيقي بتصفية المعسكر نهائياً، وهو ما يعني أن قرار إعلان التمرد أصبح بأيدي الألمان، ليجعلوه مسبقًا – حسب تعبير سارة بندر – عملية **"موت كريم"** فقط وليس عملية إنقاذ وخلاص.

وهناك من وصف ذلك بأنه

"نضال من أجل ثلاثة أسطر في كتب التاريخ".

أما كوبنر نفسه فقال، بعد الحرب:

"أردنا أن نموت لكن بطريقة تبقينا أحياء في ذاكرتكم".

وحين جاءت لحظة التصفية النهائية لمعسكر بياليستوك وتم طرد سكانه للإبادة، في آب 1943، لم يحدث أي تمرد.

أما التمرد الوحيد الذي شمل جموعاً من اليهود فوقع في جيتو وارسو. لكن المجتمع الصهيوني في الخمسينات كان بحاجة إلى قدر من روح البطولة من أجل "**موازنة**" إهانة الإبادة، هو ما أوجد خرافة "**ثورة الجيتوات**".

ماذا يبقى من الهولوكوست؟

في النهاية يبقى الهولوكوست جريمة الحضارة الغربية بحق "الآخر" فالضحايا كانوا من اليهود وغير اليهود.

وإنكار الهولوكوست لا يحقق نفعاً سياسياً، كما يتخيل البعض، فضلاً عن تبعاته الإنسانية والأخلاقية.

أما احتكار الهولوكوست والتلاعب بوقائعه وتحريفها لخدمة الأهداف الصهيونية فلا يصلح الإنكار للرد عليه.

كما أن الإقرار بالهولوكوست لا يعني بالضرورة الإقرار بالنتائج التي يحاول الصهاينة ادعاء أنها تترتب عليه بالضرورة، فجريمة النازيين – أو الغرب – بحق اليهود لا يقبل أن يدفع ثمنها الفلسطينيون.

والتعاون الصهيوني النازي ليس إلا جزءاً من الصورة الحقيقية المغيبة عمداً، فالعواصم الغربية الأكثر انحيازاً للكيان الصهيوني الآن، هي نفسها العواصم التي تجاهلت مأساة أعضاء الجماعات اليهودية تحت حكم النازي، وأغلقت أبوابها في وجه الهجرات اليهودية التي تدفقت

هربا من الهولوكوست، ولا يسوغ أبدا أن تُرتَكب جرائم متتالية، بزعم التكفير عن جريمة سابقة.

اختطاف هتلر ومحاكمته!!

العلاقة بين الصهيونية والنازية تبدو لأول وهلة فكرة غريبة، لوجود اتجاه عام فى الكتابات الغربية والعربية على السواء، تلح على العداء بين الصهيونية والنازية.

ويتخذ هذا الاتجاه من الهولوكوست نقطة ارتكاز لبناء صورة للعلاقة بينهما بوصفهما معسكرين متصارعين دار بينهما صراع دام.

وحقيقة الأمر أن تاريخ العلاقة بين الصهاينة والنازيين شهد تعاون العديد من القيادات الصهيونية مثل:

ألفريد نوسيج

مردخاري رومكوفسكى

آدم تشرنياكوف

حاييم كابلان

كورت بلومنفليد

رودلف كاستنر

مع النظام النازى.

وهو تعاون وصل الى حد الاشتراك فى التخلص من بعض اليهود فى معسكرات السخرة النازية، مقابل ترحيل يهود صهاينة إلى فلسطين. أما الصلة بين الصهونية والنازية فكانت موضوعاً لدراسات عديدة، لم يكتب لها الذيوع الكافي، أثبتت أن ثمة تشابهاً بنيوياً كبيراً بين الفكرتين.

ومن الأعمال المهمة التى تناولت هذه العلاقة رواية مثيرة للروائى اليهودى البريطانى جورج ستاينر الأستاذ بجامعتى كمبردج وجنيف, الرواية تحمل اسم: **"أ. هـ. إلى كريستوبال"** والحرفان : أ.هـ هما الحرفان الأولان من اسم الزعيم النازي أدولف هتلر، أما كريستوبال فهي مدينة برازيلية.

وقد بنى ستاينر روايته على شائعة مفادها أن هتلر لم ينتحر بل هرب إلى أمريكا اللاتينية، وحسب خيال ستاينر فإن مجموعة من الصهاينة الإسرائيليين والأوروبيين وصلوا الى مخبأ هتلر واختطفوه – بعد قتل حارسيه – ونقلوه الى مدينة كريستوبال البرازيلية.

المفاجأة ا لكبرى فى الرواية ما أورده المؤلف على لسان هتلر – فى معرض دفاعه عن نفسه عند محاكمته – اذ قال ما نصه:

"لم يكن الجنس المتفوق من بنات أحلام أدولف هتلر الذى كان يحلم باستعباد الشعوب الأدنى، أكاذيب.. أكاذيب.. لقد تعلمت قوتكم الخفية هناك.. تعاليمكم. أنت شعب مختار. شعب اختاره الله لنفسه".

ثم يقتبس هتلر من العهد القديم، ويشير خصوصا الى بطولات يشوع بن نون، ويصف العهد القديم بأنه كتاب تفوح منه رائحة الدم، ثم يقول:

"لقد تعلمت أن أى شعب يجب أن يكون مختارا حتى يحقق مصيره".

ثم بين هتلر أن ما فعله قوبل بترحيب أوروبي خفي، ثم قال:

"أنا لم أخلق القبح، ولم أكن أسوأ القبحاء.. كم عدد التعساء الذين قتلهم أصدقاؤكم البلجيك في الغابات؟.. عشرون مليوناً وهذه النزهة الخلوية كانت قد بدأت وأنا بعد صبي صغير. فى لعبة الأرقام ليست أسوأ اللاعبين".

وأخطر ما أورده المؤلف على لسان هتلر حديثه عن كتاب "**الدولة اليهودية**" لتيودور هرتزل وعن الكيان الصهيونى إذ يقول:

"**هذا الكتاب الغريب المسمى (الدولة اليهودية) قرأته بعناية بالغة. إن كلماته جاءت من أعماق بسمارك.. إني أتفق معكم أنه كتاب ذكي صاغ الصهيونية على شاكلة الأمة الألمانية الجديدة. ولكن من خلق إسرائيل فى واقع الأمر:**

هرتزل أم أنا؟.. هل كان من الممكن أن تصبح فلسطين اسرائيل ودون مذبحة الابادة التى قمت بها؟ إن مذبحتى هي التي أعطتكم شجاعة الظلم التى جعلتكم تطردون العربي من منزله وحقله، لأنه كان يقف فى طريقكم".

وفى ختام مرافعته يقول جورج ستاينر على لسان هتلر:

"أيها السادة أعضاء المحكمة. لقد أخذت عقائدي منكم.. إن الرايخ الثالث هو الذى ولد اسرائيل.. هذه كلماتي الأخيرة".

إن هذه الرواية التى لم تُحدث ضجة كبيرة عند صدورها، أصبحت بتحولها الى مسرحية تعرض على مسارح لندن حديث الناس. وهي رواية انسانية ذات عمق فلسفي. وفوق ذلك شهادة يهودية مهمة تفضح عمق الصلات بين الصهيونية والنازية.

وقد تحولت محاكمة هتلر فيها الى محاكمة للصهيونية ودولتها.

بين ضحايا الهولوكوست.. مصريون!

أكد الدكتور رمسيس عوض أستاذ الأدب الإنجليزي بكلية الألسن بجامعة عين شمس المصرية أن الموقف العربي المنكر للهولوكوست يعكس جهلاً بالتاريخ، كاشفاً للمرة الأولى عن وجود ضحايا مصريين في اثنين من معسكرات الاعتقال وهي معلومات تنشر للمرة الأولى.

كانت دراسات قد كشفت قبل سنوات عن وجود ضحايا من دول المغرب العربي. وقد التقيت الدكتور رمسيس عوض (وهو شقيق المفكر المصري الراحل الدكتور لويس عوض) على خلفية صدور أربعة كتب له عن الهولولكوست في 2007 هي: **"من ملفات الجرائم النازية: الغجر بين المحرقة والمجزرة"** (صادر عن المجلس الأعلى للثقافة بمصر)، و**"أشهر معسكر اعتقال نازي للنساء: رافنزبروك"**، و**"معسكر الاعتقال النازي: برجن بلسن"** (صادران عن مكتبة الأنجلو المصرية)، و**"العرب والمحرقة"** لروبرت ساتلوف (صادر عن دار أخبار اليوم).

ومنذ العام 2001 أصدر رمسيس عوض عدداً من المؤلفات عن الهولوكوست في الأدب

الفرنسي والأمريكي ومشكلة إنكار الهولوكوست، قبل أن يبدأ العام الماضي في إصدار كتاب عن كل معتقل من المعتقلات النازية الكبيرة بادئاً بمعسكر أشويتز الشهير.

الدكتور رمسيس عوض قال عندما سألته عما إذا كانت دراساته في الهولوكوست تشير إلى قصور أو تشوه في رؤية العرب للهولوكوست قال:

بكل تأكيد، فالعرب ينكرون المحرقة ولا أدري السبب بل ربما كان الأدق أن نقول إن العرب والإيرانيين ينفردون بهذا الموقف، بينما العالم كله يؤكد حدوثها. وقد يكون سبب هذا الموقف سياسيا وهو الخلط بينه وبين ما يحدث في فلسطين، وأنا شخصياً لا أرى تضارباً بين الاعتراف بالهولوكوست، وفي الوقت نفسه، رفض

أن تكــون مبـرراً للجـرائم التـي تُـرتَـكب بحـق الفلسطينيين فكلا الموقفين خطأ.

والعرب لا يدركون أن إنكار الـهولوكوست يمكن أن يفسـر علـى أنـه دعـم للأفكـار التـي كـان يتبناها النازي وكلها أفكار إجرامية. وأشار الدكتور رمسيس عوض إلى حالة التعاطف مع النازي التي شهدتها مصر خلال الحرب العالمية الثانية عندما كانـت المظاهـرات تخرج هاتفـه "إلـى الأمـام يـا روميل"، واصفاً إياها بأنها "قصر نظر" وكاشفاً عن أن النازية تحتقر العرب بقدر احتقارها لليهود، بل كـان العرب فـي الرؤيـة النازيـة فـي موقـع أدنى من اليهود!

وعن الضحايا العرب للهولوكوست النازي قال إنه كان من أوائل لفت النظر لهذا بعد دراسة

على أحد المعسكرات المعروفة، ولكنه كشف للمرة الأولــى عـن وجـود ضـحايا مصـريين فـي الهولوكوست، وبالتحديد في معسكر اعتقال بالنمسا حيث قتل ستة مصريين. وهو يرجح أن دراسات أخرى يمكن أن تكشف عن أعداد أكبر من الضحايا المصريين.

وختم الأكاديمي المصري المرموق الدكتور رمسيس عوض بقوله:

"إن رفض الاعتراف بالهولوكوست جهل بالتــاريخ، وهـو لـيس مـن مصـلحة العـرب، وعليهم الاعتراف بأي ألم إنساني في أي مكان فـي العـالم، حتـى لا يمكـن اتهـامهم بممالئـة النازيـة فهـذه أكبـر وصـمة يمكـن أن تصـيب الإنسان".

ولعل مما يضع الموقف النازي من اليهود في إطاره الصحيح، أن يعلم من ينكرون الهولوكوست بدافع التعاطف مع الفلسطينيين أن هتلر كان يساوم دول الحلفاء على ترحيل اليهود إلى فلسطين مقابل تنازلات سياسية. ومن المهم أن نذكر أن ضحايا الهولوكوست كانوا من اليهود والروس والبولنديين والغجر والسلاف والعرب و..... غيرهم من المجموعات الدينية والعرقية المختلفة.

المسلمون واليهود فى سلة واحدة!

من الكتب التي أرى أنها تتصف بقيمة استثنائية في موضوعها، كتاب مترجم عن الألمانية عنوانه: "الإسلام العدو بين الحقيقة والوهم" (مجموعة مؤلفين – تحرير يوخين هيبلر وأندريا لويج)، فكثيراً ما أعود إليه، وبخاصة خلال

السنوات الكئيبة التي أعقبت أحداث الحادي عشر من سبتمبر.

ومن بين العبارات المهمة التي علقت بذهني من آخر قراءة للكتاب ملاحظة للمثقف الفلسطيني المعروف الدكتور عزمي بشارة يقول فيها:

"ويلاحظ أيضاً أن جزءاً كبيراً من إصدارات الحركة الإسلامية تكن لإسرائيل خليطاً من الكراهية والإعجاب".

وهذا التداخل الذي رصده عزمي بشارة بين الكراهية والإعجاب في ملاحظة عابرة تتناوله دراسات ضخمة خلال العقود الماضية، حيث الكراهية والإعجاب لاعبان أساسيان في العلاقات الدولية، في صياغة التحالفات والعداوات على السواء.

لكن الاهتمام بهذا الأمر بعد زوال النظام الثنائي القطبية يتصاعد بشدة، فأوجه التشابه بين الجماعات والثقافات والحضارات والشعوب من الموضوعات التي تؤثر في العلاقات الدولية وكذلك أوجه الاختلاف.

وبالتالي فإن الأمر يتجاوز حدود ما هو سياسي، فله زاوية نظر أخرى مهمة معرفياً. القضية أثيرت مرتين خلال أيام معدودة، مرة في هولندا وأخرى في فلسطين المحتلة.

ففي البرلمان الهولندي وقفت برلمانية تطالب بإلغاء الذبح وفق الشريعتين الإسلامية واليهودية، وفي مذكرة رسمية قالت ماريان ثييم، رئيسة حزب الدفاع عن حقوق الحيوانات، العضو في البرلمان الهولندي، إن هذا المطلب ليس انتقاداً

للديانتين فالذبح تبعاً للقواعد الدينية شيء **"غير إنساني"** ويؤدي إلى انزعاج **"غير ضروري"**، والعبرة هنا ليست الإساءة التي ينطوي عليها كلام النائبة، فالسنوات القليلة الماضية شهدت من الإساءات للإسلام ما لا مزيد عليه في أوروبا، بل العبرة في وضع المسلمين واليهود في سلة واحدة.

فرغم أن الأمر يبدو مدهشا لكثيرين إلا أن له في الحقيقة خلفيات تاريخية. فكلاهما كان في الوجدان الأوروبي لقرون **"عدواً"**.

ففي حقبة العصور الوسطى كان اليهود يعتبرون أعداء المسيحية الأول، وخلال الحروب الصليبية كانت جيوش الصليبيين حيثما مرت تبيد جماعتين:

المسلمين

واليهود.

وبعد زوال الدول الدينية من أوروبا أصبح اليهود عدوا لمعظم التشكيلات القومية الكبرى في أوروبا، أما العداء للإسلام فقد لا يحتاج لمن يؤرخه.

وقد روى المفكر المعروف الدكتور عبد الوهاب المسيري في كتابه **"الصهيونية النازية ونهاية التاريخ"** (1997)، أنه أثناء كتابة موسوعته **"اليهود واليهودية والصهيونية"** لاحظ وجود كلمة **"مسلم"** في مقال عن التدرج الاجتماعي في معسكر أوشفتس. وبالرجوع لعدة مراجع غربية تبين أن ضحايا الهولوكوست ـ اليهود وغير اليهود ـ كانوا يسمون **"ميزلمان أي مسلم بالألمانية"**.

وقد ورد في "الموسوعة اليهودية" ما يلي:

"ميزلمان" أي مسلم بالألمانية وهي إحدى المفردات الدارجة في معسكرات الاعتقال وكانت تستخدم للإشارة للمساجين وهم على حافة الموت، أي عندما تظهر عليهم الأعراض النهائية للجوع والمرض وعدم الاكتراث العقلي والوهن الجسدي".

ويعلق المسيري على ذلك بأن العقل الغربي حينما كان يدمر ضحاياه كان يرى فيهم "الآخر" وهو منذ الحروب الصليبية "المسلم".

وما يلفت النظر هنا في موقف النائبة هو استهداف "**الشريعة**" في الإسلام واليهودية، والذبح هنا لا يختلف عن الحجاب أو الطلاق أو

تعدد الزوجات.. ..أو غيرها من القضايا التي يثيرها وجود شريعة في الديانتين؟

ولهذا، فإنها تستدعي إلى الذاكرة الأوروبية معارك عصر التنوير الأوروبي. بل إن الربط بين الإسلام واليهودية بوصفهما مشكلتين من مشكلات **"اندماج"** المسلمين واليهود في المجتمعات الأوروبية العلمانية كانت واضحة جداً أثناء مناقشة مشكلة الحجاب في عدة دول أوروبية، واتخذت مرجعيات دينية يهودية موقفاً متعاطفاً مع المسلمين، كما أن قانون الرموز الدينية الفرنسي حظر ارتداء القلنسوة اليهودية كما حظر ارتداء الحجاب.

المرة الثانية التي تم فيها وضع المسلمين واليهود في سلة واحدة، كانت في البرلمان

الإسرائيلي حيث أقر مبدئياً مشروع قانون يقضي بتقييد تصفح مواقع الانترنت الإباحية ومواقع العنف والقمار، وكان حزب شاس اليهودي المتدين المبادر لهذا الاقتراح، من جهته، وافق النائب الشيخ عباس زكور (القائمة العربية الموحدة والعربية للتغيير) على مشروع القانون الذي أيده وصوّت لصالحه، مؤكداً أن للحرية أهمية وقيمة عظيمة بشرط ألا تمس كرامة الإنسان والشرائع السماوية.

والأهم في النقاش حول الموقف من القانون أن البعض اتخذ موافقته على مشروع قدمه حزب يهودي متطرف فكان رد الشيخ عباس زكور أنه **"مؤمن بالطرح الإسلامي، وليست الفكرة أن من طرح الموضوع هو عربي أم يهودي، ولكن**

المهم الإيمان بالموضوع نفسه، ولا يعقل أبداً أن أعارض هذه الفكرة لأن الإيمان بالفكرة والمبدأ وليس من يطرح الموضوع"!

وما انتبه إليه الشيخ لم ينتبه إلى كثيرون في قضايا أخرى، فمثلاً، ظل المعارضون في عدد من الدول العربية يطالبون الأنظمة الحاكمة بالديموقراطية، فلما دعمت الولايات المتحدة الأمريكية المطلب نفسه، استداروا وتحولوا إلى معارضين للتحول الديموقراطي وأصبحت الفكرة تخضع للتقيين، بناءً على مصدرها لا بناء على درجة موضوعيتها، والأمر نفسه ينطبق على معاناة مسلمي البلقان، فطالما تمنى المسلمون أن يكون هناك تحرك دولي لإنصافهم بعد معاناة طويلة من القمع الصربي.

فلما جاء هذا الإنصاف على يد الولايات المتحدة الأمريكية رفضوه، مرة عندما قادت دول حلف الأطلسي لتوجيه ضربة عسكرية عام 1999 ومرة عندما دعمت استقلال كوسوفا مؤخراً.

ومرة ثالثة كان المسلمون واليهود في سلة واحدة عندما هددت الحكومة الإسرائيلية بارتكاب **"هولوكوست"** ضد الفلسطينيين في غزة.

فضحايا الهولوكوست السابقون استخدموه مبرراً لارتكاب الجريمة نفسها عدة مرات ضد الفلسطينيين، وهنا ينبغي أن نؤكد أن الحقائق التي يكشف عنها التحليل المعرفي **"البارد"** لا يجوز أن تصرف أبصارنا عن الحقائق الدامية للواقع السياسي **"الملتهب"** في أرض فلسطين، التي جمعت اليهود والمسلمين في سلة واحدة ليخوضوا

واحداً من أكثر الصراعات دموية في العصر الحديث.

وهو الصراع الذي دفع كل طرف منهما ليؤكد بكل ما أوتي من قوة أنه لا يشبه "الآخر" ولا يكن له إلا الكراهية الخالية من أي إعجاب. وقد كانا على امتداد حقب تاريخية طويلة إما في حالة تعايش كما هو الشأن في معظم فترات التاريخ الإسلامي أو ضحيتين لاضطهاد عدو واحد، أما الآن فهم في سلة واحدة، لكنهما فيها خصمان في صراع مرير.

من الأندلس إلى أنابوليس:

عرب وغربيون ويهود

انعقد أنابوليس فتذكر كثيرون مشهداً مماثلاً في مدريد 1992 غير أنه ذكرني بمشاهد كثيرة تمتد زماناً ومكاناً من الأندلس إلى أوشفتس،

فلقرون متعاقبة ارتبط العرب والغربيون واليهود بعلاقة جدل ثلاثية كانت لها مفارقاتها المثيرة.

فرغم أن العالم العربي كان مهبط الديانتين اليهودية والمسيحية، إلا أنهما تحولتا ليصبح تمركزهما بصفة رئيسة خارج مهدهما التاريخي، بوصفهما علامتين مميزتين للوجدان الغربي بعد رحلة طويلة من التقلبات.

وحتى عصر النهضة الغربي الذي يؤرخ لبواكيره بالقرن الخامس عشر الميلادي كان اليهود والعرب توأمين في الوجدان الغربي، حيث كان كلاهما رمزا لـ **"الآخر/ العدو"**، وهناك من الأدبيات التي تصور ذلك الكثير لعل أكثرها إثارة للدهشة لوحات لتعذيب المسيح تصور الرسول صلى الله عليه وسلم وهو يجلد المسيح بالسوط!!

وأصبح الطريد حليفاً

تراكمت الخبرات السلبية في الوجدان
الغربي دون أن تخضع لأي نوع من التمحيص،
فخلال الحملات الصليبية كان الصليبيون وهم في
طريقهم لبيت المقدس يذيقون الجماعات اليهودية
ويلات لا تقل عما ذاقه المسلمون، وفي بيت
المقدس جمع الصليبيون كل اليهود في كنيس لهم

وأضرمت فيهم النار. وحتى سقوط الأندلس كان القسم الأكبر من أعضاء الجماعات اليهودية في العالم يعيشون بين المسلمين متمتعين بحرية قد لا يكون لها نظير في التاريخ.

وحتى الهولوكوست مرت علاقة الغربيين باليهود بتقلبات بعضها دموي، فكان أعضاء الجماعات اليهودية يُطرَدون من الدول الغربية، ويتعرضون للاضطهاد المتفاوت، وصولاً لكارثة الهولوكوست.

وبعد أن انقطعت صلة النسبة الأكبر منهم بالثقافة العربية الإسلامية أصبحوا في حالة مضطربة لا هم غربيون تماماً ولا شرقيون خُلَّص.

وقد لعب ظهور الدولة القومية في الغرب عقب صلح وستفاليا (1648) دوراً كبيراً في تكريس صورة اليهود كغرباء غير مرغوب فيهم بين أمم تشعر باعتزاز شديد بانتمائها القومي، وتنفر ممن يختلف عن أبنائها دينا أو لغة أو ثقافة.

ولعب الإصلاح الديني البروتستنتي دوراً مثيراً، إذ تحولت صورة أعضاء الجماعات اليهودية في الوجدان الغربي من: **"المدنس المنبوذ"** إلى **"المقدس المنبوذ"**!

فهم مدنسون منبوذون لأنهم رفضوا المسيح ثم قتلوه (حسب التصور المسيحي)، وهم مقدسون لأن لهم – حسب التفسير البروتستنتي للإنجيل – دوراً مركزياً في مشهد نهاية التاريخ، حيث يعد

تجمعهم في "أورشليم" شرطاً لعودة المسيح الثانية.

وكان اكتشاف ما سمي **"العالم الجديد"** تحولاً تاريخياً كبيراً، إذ غيرت الجغرافيا الجديدة معطيات كثيرة، فأصبحت بريطانيا البروتستنتية في قلب منظومة الطرق للعالم الجديد بعد أن كانت معزولة عن اليابس الأوروبي قابعة في طرف العالم المعروف آنذاك.

وبفوز البروتستنت، الذين كانوا مضطهدين في أوروبا بنصيب الأسد من العالم الجديد، تحالف ضحايا الاضطهاد القدامى والمحدثين ليضطهدوا أبناء حضارتنا وهي الحضارة الوحيدة التي نعم اليهود في ظلها بالحرية والمساواة الحقيقية!

من مفارقات الهولوكوست

جاءت محطة الهولوكوست لتكون المحطة الأكثر إثارة في سياق مفارقات العلاقة، ففي عام 1943 عقدت سراً قمة أميركية سعودية بين الملك عبدالعزيز بن سعود والرئيس الأميركي روزفلت، وكانت ترتيبات ما بعد الحرب العالمية أهم ما دار النقاش حوله فتحدث روزفلت عن ما أسماه

"**مأساة اليهود**" تحت حكم النازي ورغبة الدول الغربية في إنشاء "**وطن قومي**" لهم في فلسطين.

فكان رد الملك عبد العزيز أن من اضطهد اليهود هو من يجب أن يعوضهم، وبالتالي "**يمكنكم معاقبة الألمان بإنشاء الوطن القومي لليهود في ألمانيا**"!.

لكن الغربيين واليهود معا قرروا أن يكون التعويض على حساب أمة لم ترتكب يوما جريمة اضطهاد اليهود!

ولم تقتصر مفارقات الهولوكوست على ذلك، فبينما نجح الصهاينة في تكريس أكذوبة أن مأساة الهولوكوست تبرر جريمة اغتصاب فلسطين مدعين أنها جريمة ارتكبت ضد اليهود وحدهم،

محتكرين دور "**الضحية**"، ليظل مبرراً لاغتصاب أرض فلسطين.

ومؤخراً كُشِف النقاب في ألمانيا عن أن العرب المسلمين كانوا ضمن ضحايا المحرقة النازية حقيقة لا مجازاً، صحيح أنهم كانوا في وعي الجلاد ووجدانه رمزا للآخر إلا أنهم كانوا فعليا ضمن ضحايا هذه الآلة الرهيبة.

مخاطر التذكر

في معسكر الاعتقال زاكسن هاوزن قرب برلين يجري "مركز دراسات الشرق المعاصر" أبحاثاً جديدة حول علاقة العرب والألمان في التاريخ المعاصر، يقوم بها البروفيسور غرهارد هوب صاحب المؤلفات المعروفة عن تاريخ

الوجود العربي في ألمانيا في عشرينات وثلاثينات وأربعينات القرن الماضي.

ومن خلال هذه الأبحاث تطل للمرة الأولى وجوه عربية بين ضحايا الهولوكوست.

والضحايا جاءوا من المغرب والجزائر وتونس ومصر والعراق ولبنان وفلسطين وسوريا، واعتُقلوا كغيرهم، كأسرى حرب، أو لأسباب سياسية أو عنصرية، أو لتشغيلهم في السخرة في تصنيع آلة الحرب النازية، ومات كثير منهم قتلاً أو مرضاً في معسكرات أوشفيتس، وبوخن فالد، ودخاو، وبرجن بلزن، وماوت هاوزن، وزاكسن هاوزن وغيرها، ثم ماتوا ثانية عندما غيبتهم كتب التاريخ.

في معسكر زاكسن هاوزن، وبين السطور المكتوبة بالألمانية والفرنسية إحياء لذكرى الضحايا، تختفي مصائر 37 عربياً.

وقد أدت الأبحاث التاريخية الجديدة إلى تحديد أسماء أكثر من 1130 مسلماً ضمتهم قائمة واحدة أعدموا بأمر هيملر وزير داخلية النازي. وقد اختار البروفيسور جيرهارد هوب لنتائج دراسته التي استمرت ثلاثة أعوام عنواناً موحياً هو "مخاطر التذكر"!

وبسبب علاقة الجدل بين احتكار الهولوكوست وبين اغتصاب الجغرافيا، ولأهمية الصورة المزورة التي ترسمها الصهيونية للهولوكوست يخوض الصهاينة معارك هدفها الرئيس احتكار دور الضحية.

ففي عام 1992 قام دبلوماسي إسرائيلي بزيارة معسكر الاعتقال ميتل باو دوراً ورأى لوحة تذكر الدول العربية – ضمن أخرى – فيما يتعلق بوطن الضحايا فما كان منه إلا أن طالب بإزالتها.

وبطبيعة الحال، ليست المشكلة: كم نسبة العرب والمسلمين بين الضحايا؟

إذ يعنينا في المقام الأول كسر الاحتكار الصهيوني لدور الضحية، ووقف عمليات الابتزاز السياسي والاقتصادي المتواصلة منذ أكثر من نصف قرن.

والحقيقة التي كشفت عنها الأبحاث واحدة من مفارقات هذه العلاقة الثلاثية:

العرب – الغربيون – اليهود

وتحولاتها المثيرة.

<u>المؤلف:</u>

ممدوح الشيخ

مفكر

نشر له مئات المقالات والدراسات في عشرات الدوريات العربية.

صدر له أكثر من عشرين مؤلفاً في القاهرة وبيروت ومسقط.

نال جوائز مصرية وعربية في الشعر والمسرح والرواية.